DISN

Lil
Stit

MON HISTOIRE *du soir*

Stitch à l'école

Pour une fois, Lilo est impatiente d'aller à l'école. Aujourd'hui, chaque enfant peut venir avec son animal de compagnie et le présenter aux autres élèves.

– Stitch, tu seras bien sage, d'accord ? l'avertit Lilo.

À l'école, il y a toutes sortes d'animaux :
des chats, des chiens, des tortues, des oiseaux...
Mais ce qui intrigue le plus Stitch,
c'est Monsieur Phibbs, la grenouille de la classe,
enfermée dans une cage de verre.

Pour mieux l'observer, Stitch soulève le couvercle.
Aussitôt, la grenouille en profite pour bondir
hors de sa cage ! Elle franchit la porte
et se faufile dans une autre salle.

Vite, Stitch se lance à sa poursuite !
Dans cette classe, les élèves sont en train
d'effectuer des expériences scientifiques.
Cela lui rappelle le laboratoire de Jumba.

Stitch aussi a envie d'enfiler un équipement de protection et de faire sa propre expérience. Il mélange des produits chimiques et fabrique une boule puante qui chasse tous les occupants de la classe, y compris Monsieur Phibbs.

Stitch repart à sa recherche et le suit jusqu'à
la cantine. Malheureusement, en essayant
d'attraper la grenouille, il projette par mégarde
un dessert sur le visage d'un enfant !
– Bataille de nourriture ! crie le petit garçon, ravi.

Bientôt, la cantine sombre dans le chaos, tandis que les enfants se jettent le contenu de leur assiette. Stitch participerait bien à la bataille, mais il doit d'abord retrouver Monsieur Phibbs.

En sortant de la cantine, il ne peut toutefois s'empêcher de faire un tour par le cours d'arts plastiques.

Après avoir résolu un problème de calcul dans une autre classe, Stitch se souvient qu'il avait promis d'être sage. Il est temps de récupérer la grenouille et de retourner auprès de Lilo !

Monsieur Phibbs s'est faufilé dans le gymnase.
Stitch esquive les tirs de ballon et parvient
enfin à saisir la grenouille fugueuse.

Au moment où il retourne dans la classe
de Lilo, cette dernière s'apprête
à le présenter à ses camarades.
– Mon animal s'appelle Stitch,
annonce-t-elle fièrement.

– Il est unique en son genre, remarque la maîtresse.
– Exactement ! reprend Lilo. Ce n'est pas seulement mon animal, c'est aussi mon meilleur ami, et il fait partie de ma famille.

Le soir, à la sortie de l'école, Lilo raconte sa journée à sa grande sœur, Nani :

– Tout s'est très bien passé ! Stitch a eu un comportement exemplaire.

– Vraiment ? s'étonne Nani, surprise. Dans ce cas, tout le monde mérite une glace pour le goûter !

Stitch est bien d'accord. Il a adoré sa journée à l'école, et il est même reparti avec un nouvel ami !

Près de 100 histoires
pour s'endormir en douceur.

Directeur : Antoine Béon ; Responsable éditoriale : Adélaïde Lebuy ; Responsable artistique : Pauline Ortlieb ; Fabrication : Marine Wiplier ;
Édition : Naïma Timzouert ; Suivi éditorial : Stéphanie Go ; Adaptation des textes : Emmanuelle Caussé ; Maquettiste : Célia Cousty ; Relecture : Catherine Rigal.

Édité par Hachette Livre – 58, rue Jean-Bleuzen – 92178 Vanves Cedex
Imprimé par Macrolibros en Espagne – Achevé d'imprimer : août 2021
ISBN : 978-2-01-204841-6 – Édition : 01 – Dépôt légal : août 2021
Loi n°49-956 du 16 juillet 1949 sur les publications destinées à la jeunesse.
Pour tout renseignement concernant nos parutions, nous contacter par e-mail : disney@hachette-livre.fr
Pour l'éditeur, le principe est d'utiliser des papiers composés de fibres naturelles, renouvelables, recyclables et fabriquées à partir de bois issus de forêts qui adoptent un système d'aménagement durable. En outre, l'éditeur attend de ses fournisseurs de papier qu'ils s'inscrivent dans une démarche de certification environnementale reconnue.